Swati Gupta
Meenu Vijarania

Construir uma plataforma educativa: Study Stash

Swati Gupta
Meenu Vijarania

Construir uma plataforma educativa: Study Stash

ScienciaScripts

Imprint

Cover image: www.ingimage.com

This book is a translation from the original published under ISBN 978-620-7-63988-5.

Publisher:
Sciencia Scripts
is a trademark of
Dodo Books Indian Ocean Ltd. and OmniScriptum S.R.L publishing group

120 High Road, East Finchley, London, N2 9ED, United Kingdom
Str. Armeneasca 28/1, office 1, Chisinau MD-2012, Republic of Moldova, Europe
Managing Directors: Ieva Konstantinova, Victoria Ursu
info@omniscriptum.com

Printed at: see last page
ISBN: 978-620-8-62162-9

CONSTRUIR UMA PLATAFORMA DE ENSINO:

ARMAZENAMENTO DE ESTUDOS

ÍNDICE

RESUMO

Study Stash, uma plataforma dinâmica em linha meticulosamente concebida para satisfazer as necessidades académicas dos estudantes inscritos na Universidade, surge como um centro de recursos dedicado, concebido para elevar as experiências de aprendizagem dos estudantes universitários. A nossa plataforma destaca-se pelo facto de oferecer uma gama diversificada de materiais de estudo que satisfazem os requisitos únicos das disciplinas de engenharia e tecnologia.

Dando ênfase à acessibilidade e à versatilidade, o Study Stash funciona como um repositório centralizado onde os alunos podem aceder facilmente a uma grande variedade de recursos específicos da disciplina. Estes recursos incluem notas de aula meticulosamente organizadas, exames práticos abrangentes e conteúdo multimédia envolvente. O nosso compromisso em fornecer materiais educativos de alta qualidade anda de mãos dadas com a nossa dedicação em manter os conteúdos actualizados, alinhados com o currículo em constante evolução e com as tendências da indústria.

No centro da missão do Study Stash está a capacitação da próxima geração de engenheiros. Com uma interface de fácil utilização e uma abordagem orientada para a missão, o nosso sítio Web pretende tornar-se o principal destino para os estudantes que procuram clareza, profundidade e conhecimentos práticos num espetro de disciplinas de engenharia e tecnologia. Quer se trate de aprofundar conceitos fundamentais ou de explorar tópicos avançados, o Study Stash esforça-se por ser o recurso de referência para os estudantes que enfrentam os desafios do seu percurso académico.

O repositório abrangente alojado na nossa plataforma engloba não só os aspectos teóricos da engenharia, mas também as aplicações práticas, alinhando-se com as exigências do mundo real da indústria. Os materiais de estudo selecionados são adaptados para facilitar uma compreensão holística de cada disciplina, fornecendo aos alunos as ferramentas de que necessitam para se destacarem nos seus cursos e para além deles.

O Study Stash promove um sentido de comunidade entre estudantes e educadores, incentivando a aprendizagem colaborativa através de funcionalidades interactivas. Os nossos fóruns de discussão funcionam como espaços virtuais onde os utilizadores podem participar em conversas académicas significativas, procurar esclarecimentos sobre dúvidas e partilhar ideias valiosas. A interface de fácil utilização da plataforma garante uma experiência perfeita em vários dispositivos, adaptando-se às diversas preferências e horários dos nossos utilizadores.

Na sua essência, o Study Stash é um testemunho da fusão da tecnologia e da educação, incorporando a filosofia de que a aprendizagem deve ser um processo dinâmico e evolutivo. Ao colmatar a lacuna entre a aprendizagem tradicional em sala de aula e a fronteira digital, o Study Stash não só satisfaz como excede as expectativas académicas dos alunos, capacitando-os para prosperar no cenário competitivo do ensino da engenharia. À medida que evoluímos a par do panorama educativo, o Study Stash mantém-se firme no seu compromisso de moldar o futuro da aprendizagem dos estudantes de engenharia no Departamento SOET da Universidade KR Mangalam.

PALAVRAS-CHAVE: Acessibilidade, Versatilidade, Plataforma centralizada, Currículo, Abrangente, Repositório, Abrangente.

1. INTRODUÇÃO

No panorama dinâmico da educação contemporânea, a integração da tecnologia tornou-se sinónimo de inovação e progresso. À medida que as instituições académicas se esforçam por se adaptar às exigências da era digital, o papel das plataformas em linha na facilitação da aprendizagem ganhou uma proeminência sem precedentes. O nosso livro procura contribuir para esta mudança de paradigma, abordando uma lacuna crítica no ecossistema da educação digital: a ausência de um portal universitário específico para a partilha e o acesso contínuos a recursos educativos.

Na busca da excelência académica, a acessibilidade dos materiais de estudo desempenha um papel fundamental. No entanto, a atual infraestrutura educativa debate-se com um desafio significativo - a falta de uma plataforma centralizada para apontamentos, aulas em vídeo e documentos de perguntas de anos anteriores. Esta ausência constitui um obstáculo formidável ao compromisso de proporcionar um ensino de qualidade, especialmente numa era em que a acessibilidade digital já não é um luxo, mas uma necessidade.

O nosso livro responde a este desafio imaginando uma aplicação Web que transcende as limitações convencionais, com o objetivo de ser uma força transformadora no domínio da educação em linha. Esta aplicação foi concebida para fornecer uma interface de fácil utilização que simplifica o intrincado processo de carregamento e acesso a materiais educativos. Uma inovação fundamental é a incorporação de uma funcionalidade de arrastar e largar, garantindo que o ato de contribuir e recuperar materiais de estudo se torna tão intuitivo como a própria viagem educativa.

A motivação por detrás deste livro resulta do reconhecimento de que materiais educativos valiosos estão muitas vezes fechados nos gabinetes dos professores ou dispersos por locais físicos diferentes. Isto resulta num processo de pesquisa manual moroso e ineficaz, que prejudica tanto os estudantes como os professores nas suas actividades académicas. As consequências não se limitam à produtividade individual, havendo o risco de criar um fosso digital na nossa comunidade académica, em que a desigualdade de acesso aos recursos em linha pode ampliar as disparidades educativas existentes.

Através de uma análise exaustiva da literatura, identificámos temas-chave e avaliações comparativas que servem de base à conceção da nossa plataforma. As conclusões das soluções existentes realçam a necessidade de interfaces fáceis de utilizar, ferramentas de colaboração e suporte abrangente para vários formatos de ficheiros. Além disso, a literatura enfatiza a urgência de abordar o fosso digital e a importância das ferramentas de gestão de conteúdos, alinhando-se com os objectivos centrais do nosso livro.

Nas secções seguintes, vamos aprofundar a motivação que está na base deste livro, efetuar uma análise exaustiva das lacunas para identificar as disparidades entre a situação atual e os objectivos previstos e apresentar uma metodologia detalhada para o desenvolvimento da aplicação Web. Ao navegarmos pelos meandros deste livro, o nosso objetivo não é apenas colmatar as lacunas existentes, mas também redefinir o panorama das plataformas de ensino digital, criando um ambiente inclusivo e colaborativo que capacite tanto os estudantes como os membros do corpo docente no seu percurso educativo.

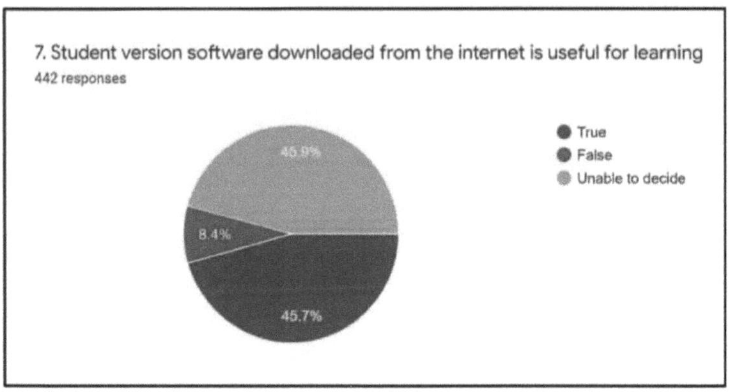

2. MOTIVAÇÃO

No panorama da educação em rápida evolução, o poder transformador da tecnologia tornou-se uma força indispensável. À medida que abraçamos a era digital, a necessidade de plataformas acessíveis, colaborativas e eficientes no domínio da educação em linha nunca foi tão crítica. A motivação por detrás do nosso livro resulta de um profundo empenho em resolver um desafio persistente no ecossistema educativo - a ausência de um portal universitário específico para a partilha e o acesso contínuos a recursos educativos.

Colmatar o fosso da acessibilidade:

Na era digital, a acessibilidade é fundamental. A falta de uma plataforma centralizada para apontamentos, aulas em vídeo e documentos de perguntas de anos anteriores constitui um obstáculo significativo à democratização do ensino. Os estudantes e os membros do corpo docente dão por si a navegar numa paisagem fragmentada, onde materiais educativos valiosos estão frequentemente confinados ao domínio físico, inacessíveis a muitos. A nossa motivação baseia-se na crença de que a educação não deve ser prejudicada por restrições geográficas ou fronteiras físicas. Ao criar uma aplicação web centralizada, pretendemos colmatar esta lacuna de acessibilidade, garantindo que os recursos educativos estão disponíveis para todos os membros da comunidade académica.

Melhorar a eficiência e a produtividade:

O panorama atual obriga os estudantes e os membros do corpo docente a uma procura demorada e frequentemente frustrante de materiais educativos. As cópias físicas estão dispersas e a falta de um sistema eficiente impede a produtividade. A nossa motivação reside na racionalização deste processo, fornecendo uma interface intuitiva que simplifica tanto o carregamento como o acesso aos materiais de estudo. Ao incorporar caraterísticas inovadoras, como a funcionalidade de arrastar e largar, pretendemos tornar estas tarefas tão simples e eficientes quanto possível, permitindo que os utilizadores se concentrem mais na aprendizagem e menos na navegação pelos obstáculos administrativos.

Promover a colaboração e o intercâmbio de conhecimentos:

A educação prospera num ambiente de colaboração, mas a infraestrutura atual carece de ferramentas dedicadas para promover a colaboração entre estudantes e membros do corpo docente. A nossa motivação está profundamente enraizada na convicção de que a aprendizagem é um esforço coletivo. Ao encorajar a partilha de conhecimentos, apontamentos de aulas e documentos de perguntas anteriores, a nossa aplicação Web aspira a criar um ecossistema de aprendizagem vibrante. Imaginamos uma plataforma onde as ideias fluem livremente, onde a troca de ideias transcende as salas de aula físicas e onde a comunidade académica se torna um catalisador de experiências de aprendizagem partilhadas.

Adaptação a diversas necessidades de aprendizagem:

A natureza diversificada dos conteúdos educativos exige uma plataforma versátil que acomode vários formatos de ficheiros. A nossa motivação baseia-se no reconhecimento de que diferentes indivíduos preferem diferentes meios de aprendizagem. Quer se trate de PDFs, documentos Word, apresentações PowerPoint ou outros formatos - a nossa aplicação Web pretende suportar uma vasta gama de materiais, assegurando que os utilizadores podem carregar e aceder a conteúdos no seu formato preferido. Esta adaptabilidade é fundamental para o nosso compromisso de proporcionar uma experiência de aprendizagem personalizada e centrada no utilizador.

Enfrentar o risco de fratura digital:

A ausência de uma plataforma educativa inclusiva representa um risco de exacerbação das clivagens digitais existentes na comunidade académica. A nossa motivação é criar uma solução que seja acessível e de fácil utilização, garantindo que a proficiência tecnológica não se torna uma barreira à aprendizagem. Ao dar prioridade à inclusão, esforçamo-nos por atenuar as disparidades e proporcionar uma oportunidade igual a todos os membros da comunidade académica de participarem no ambiente de aprendizagem digital.

Na sua essência, a nossa motivação baseia-se numa visão de revolucionar a experiência educativa. O nosso objetivo é contribuir para o avanço da educação online, criando uma plataforma que transcende as fronteiras convencionais, aborda desafios críticos e promove um ambiente colaborativo, acessível e inclusivo para a busca do conhecimento. Através deste livro, aspiramos a capacitar tanto os estudantes como os membros do corpo docente no seu percurso educativo, preparando o terreno para uma nova era de aprendizagem digital

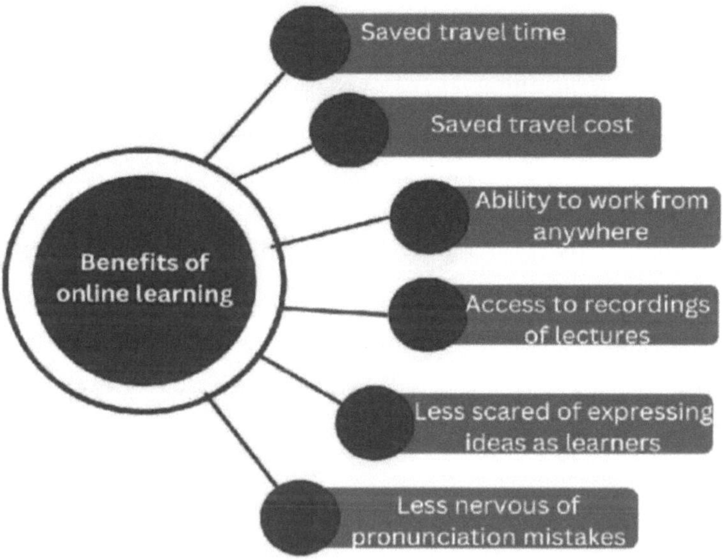

Fig 1: Benefícios da aprendizagem em linha

Como mostra a figura 1, as vantagens da adaptação da aprendizagem em linha são as seguintes

Acessibilidade:

Os alunos podem aceder aos cursos a partir de qualquer parte do mundo, eliminando as barreiras geográficas.

Oferece oportunidades para aqueles que não podem frequentar as aulas tradicionais devido a deficiências físicas, compromissos profissionais ou responsabilidades familiares.

Flexibilidade:

Os cursos podem ser concebidos de forma a permitir que os alunos progridam ao seu próprio ritmo.

Permite aos estudantes conciliar os seus estudos com as suas responsabilidades pessoais e profissionais.

Custo-eficácia:

Reduz os custos associados às infra-estruturas físicas, às deslocações e aos materiais impressos.

Frequentemente mais acessível para os estudantes em comparação com o ensino tradicional.

Recursos didácticos diversificados:

Oferece uma vasta gama de recursos multimédia, incluindo vídeos, simulações interactivas e livros de texto digitais.

Facilita a utilização de conteúdos e recursos actualizados.

Escalabilidade:

Pode acolher um grande número de alunos sem custos adicionais significativos.

Mais fácil de atualizar e expandir as ofertas de cursos em comparação com as instituições de ensino tradicionais.

Personalização:

Permite experiências de aprendizagem personalizadas através de tecnologias de aprendizagem adaptativas.

Pode adaptar o conteúdo do curso e as avaliações para satisfazer as necessidades individuais dos alunos.

Envolvimento reforçado:

Utiliza ferramentas interactivas como questionários, fóruns de discussão e chats em direto para envolver os alunos.

A gamificação e outras estratégias de motivação podem ser integradas para manter os alunos interessados.

Dados e análises:

Recolhe dados sobre o desempenho e a participação dos alunos, fornecendo informações para melhorar a conceção e a oferta de cursos.

Permite aos educadores identificar e apoiar mais eficazmente os alunos com dificuldades.

Oportunidades de colaboração:

Facilita a colaboração global entre estudantes e educadores através de salas de aula virtuais e grupos de discussão.

Incentiva a diversidade de perspectivas e oportunidades de criação de redes.

Sustentabilidade:

Reduz o impacto ambiental associado aos campus físicos, como o consumo de energia e a produção de resíduos.

Apoia a evolução para soluções educativas mais sustentáveis e respeitadoras do ambiente.

Continuidade da educação:

Assegura uma aprendizagem ininterrupta em circunstâncias imprevistas como pandemias, catástrofes naturais ou outras emergências.

Constitui uma alternativa fiável quando a formação presencial não é viável.

Desenvolvimento profissional:

Oferece oportunidades de aprendizagem contínua e desenvolvimento de competências para profissionais. Podem ser utilizadas pelas empresas para programas de formação e desenvolvimento dos empregados. De um modo geral, as plataformas de ensino em linha democratizam o ensino, tornando-o mais inclusivo, adaptável e reativo às necessidades dos alunos modernos.

3. REVISÃO DA LITERATURA

O panorama da educação em linha tem assistido a uma mudança transformadora nos últimos anos, com uma ênfase crescente nas plataformas digitais que facilitam a partilha e o acesso a materiais educativos. Ao explorar a literatura existente, surgem vários temas-chave e avaliações comparativas, que fornecem informações valiosas sobre os desafios e as oportunidades que informam o desenvolvimento da nossa aplicação Web.

3.1 Repositórios educativos centralizados:

Numerosos estudos sublinham a importância dos repositórios centralizados na promoção da partilha e recuperação eficientes de recursos educativos. Plataformas como o Google Drive e o Dropbox têm sido amplamente utilizadas, demonstrando os benefícios do armazenamento baseado na nuvem. No entanto, é evidente a escassez de soluções especializadas adaptadas às necessidades académicas, o que indica uma lacuna que o nosso livro pretende preencher.

3.2 Interfaces de fácil utilização e acessibilidade:

A investigação sublinha a importância de interfaces de fácil utilização nas plataformas de ensino em linha. Aplicações como o Moodle e o Blackboard têm dominado o espaço do e-learning, mas são frequentemente criticadas pela sua complexidade. A necessidade de uma plataforma mais intuitiva, especialmente uma que simplifique o carregamento e o acesso a materiais de estudo através de caraterísticas como a funcionalidade de arrastar e largar, é um fio condutor comum na literatura.

3.3 Colaboração na aprendizagem digital:

A literatura destaca de forma consistente o impacto positivo da colaboração em ambientes de aprendizagem digital. Plataformas como o Microsoft Teams e o Slack demonstraram o poder de promover a colaboração entre estudantes e membros do corpo docente. No entanto, estão notoriamente ausentes ferramentas específicas para o ecossistema académico, especialmente as que incentivam a partilha de apontamentos de aulas e de trabalhos de perguntas anteriores.

3.4 Fosso digital e desigualdade:

O trabalho académico tem explorado o fosso digital na tecnologia educativa, destacando as disparidades no acesso e na proficiência. A ausência de um

A falta de uma plataforma inclusiva corre o risco de agravar estas desigualdades. Isto sublinha a importância de conceber uma plataforma acessível a utilizadores com diferentes níveis de proficiência tecnológica, garantindo a igualdade de oportunidades para todos os membros da comunidade académica.

3.5 Suporte de formato de ficheiro:

A literatura revela a importância de suportar uma gama diversificada de formatos de ficheiros em plataformas educativas. Enquanto algumas soluções se concentram em formatos específicos, como PDFs ou documentos Word, a necessidade de uma solução abrangente que acomode vários formatos, incluindo apresentações em PowerPoint e outros, é identificada como uma consideração fundamental para um ambiente de aprendizagem versátil.

3.6 Gestão e acompanhamento de conteúdos:

Estudos sobre gestão de conteúdos e ferramentas de rastreio em contextos educativos destacam a eficácia de funcionalidades como os históricos de carregamento. Os sistemas de gestão da aprendizagem, como o Canvas, fornecem informações sobre o envolvimento dos utilizadores. O foco do nosso livro na implementação de uma funcionalidade de "Histórico de carregamentos" está de acordo com a literatura, respondendo à necessidade de uma melhor gestão de conteúdos e responsabilização dos utilizadores.

A revisão da literatura sublinha a natureza evolutiva da educação em linha e as lacunas críticas nas soluções existentes. A nossa aplicação Web pretende contribuir para este discurso, fornecendo uma plataforma especializada que combina um design de fácil utilização, ferramentas de colaboração, acessibilidade, suporte de diversos formatos de ficheiros e funcionalidades robustas de gestão de conteúdos para criar um ecossistema de aprendizagem holístico e inclusivo. Ao basear-se nas lições aprendidas com a literatura existente, o nosso livro procura redefinir o panorama das plataformas de educação digital, abordando as necessidades específicas dos estudantes e dos membros do corpo docente na procura de uma educação de qualidade.

4. ANÁLISE DAS LACUNAS

O atual panorama educativo é marcado por uma lacuna gritante na disponibilidade e acessibilidade de recursos de aprendizagem digitais, em particular apontamentos e questionários de anos anteriores. A identificação e a resolução destas lacunas são cruciais para o avanço dos objectivos delineados no livro. A análise das lacunas que se segue sublinha as disparidades entre a situação atual e o estado desejado que se pretende alcançar:

Estado atual:

Os materiais didácticos estão espalhados por vários locais físicos, principalmente nos gabinetes dos professores.

Não existe um repositório centralizado para que os estudantes e os membros do corpo docente possam aceder a uma coleção completa de apontamentos e questionários.

Estado desejado:

Criar um repositório digital centralizado e acessível a todos, atenuando a atual fragmentação dos recursos educativos.

Permita que os utilizadores carreguem, acedam e partilhem materiais sem problemas através de uma plataforma unificada.

4.2 Processos de pesquisa manual:

Estado atual:

Os estudantes e os membros do corpo docente investem muito tempo em pesquisas manuais de materiais físicos.

A falta de um mecanismo de pesquisa eficaz prejudica a produtividade e contribui para um processo moroso.

Estado desejado:

Implementar uma funcionalidade de pesquisa intuitiva e robusta que permita aos utilizadores localizar rapidamente os materiais relevantes.

Simplificar o processo de acesso a conteúdos educativos, reduzindo o tempo gasto em pesquisas manuais.

4.3 Desigualdade no acesso:

Estado atual:

A ausência de uma plataforma específica contribui para uma clivagem digital, em que alguns indivíduos têm acesso em linha a recursos, enquanto outros enfrentam limitações.

Estado desejado:

Criar uma plataforma inclusiva que elimine as disparidades no acesso a materiais didácticos.

Assegurar que todos os membros da comunidade académica, independentemente da sua literacia digital ou dos seus recursos, possam beneficiar da plataforma.

4.4 Falta de ferramentas de colaboração:

Estado atual:

Há uma escassez de ferramentas que promovam a colaboração entre estudantes e professores, dificultando o intercâmbio de conhecimentos e ideias.

Estado desejado:

Introduzir funcionalidades de colaboração, tais como fóruns de discussão e capacidades de edição de documentos, para incentivar a interação e a aprendizagem partilhada.

Transformar a plataforma num ecossistema dinâmico que facilite a realização de actividades académicas significativas

colaboração. 4.5 Risco de fratura digital:

Estado atual:

A ausência de uma plataforma inclusiva corre o risco de agravar as desigualdades existentes no domínio da educação.

Estado desejado:

Atenuar o fosso digital, garantindo que a aplicação Web é acessível e de fácil utilização para pessoas com diferentes níveis de proficiência tecnológica.
Proporcionar igualdade de oportunidades a todos os utilizadores para participarem no ambiente de aprendizagem digital.

Ao abordar estas lacunas, o livro tem como objetivo revolucionar a experiência educativa, tornando-a mais acessível, colaborativa e inclusiva tanto para os estudantes como para os membros do corpo docente. A análise das lacunas fornece um roteiro para o desenvolvimento de uma aplicação Web abrangente que colmata estas divisões e transforma a forma como os recursos educativos são partilhados e acedidos na era digital.

5. DECLARAÇÃO DO PROBLEMA

A ausência de um portal universitário específico para aceder a materiais didácticos essenciais, incluindo notas e documentos de perguntas de anos anteriores, representa um desafio crítico no nosso compromisso de oferecer uma educação de qualidade na era digital. Este problema exige uma atenção urgente para colmatar as lacunas existentes e melhorar a experiência educativa de todas as partes interessadas.

A atual falta de um repositório digital centralizado tem consequências de grande alcance. Materiais educativos valiosos estão frequentemente confinados aos gabinetes dos professores, criando uma situação em que o conhecimento é involuntariamente acumulado em vez de partilhado. Esta falta de uma plataforma comum obstrui o fluxo de informação, dificultando o espírito de colaboração essencial para uma comunidade académica próspera.

Neste contexto, os estudantes e os membros do corpo docente enfrentam a árdua tarefa de navegar através de materiais físicos, gastando horas valiosas à procura de recursos. Isto não só constitui um obstáculo significativo à sua produtividade, como também introduz um potencial estrangulamento no seu sucesso académico. As ineficiências deste processo de pesquisa manual têm um impacto tangível na qualidade do ensino, dificultando o intercâmbio contínuo de conhecimentos que é vital para uma experiência de aprendizagem holística.

Além disso, a ausência de um repositório digital abrangente introduz o risco de criar um fosso digital na nossa comunidade académica. Aqueles que têm acesso a recursos em linha gozam de uma vantagem distinta, enquanto outros ficam em desvantagem devido à acessibilidade limitada. Este fosso emergente ameaça aprofundar as desigualdades educativas existentes, perpetuando as disparidades nos resultados académicos.

A necessidade urgente de colmatar esta lacuna e estabelecer uma solução robusta é evidente. Uma aplicação Web dedicada que centralize os recursos educativos torna-se uma necessidade para transformar a forma como o conhecimento é partilhado e acedido. Ao resolver este problema, não só aumentamos a conveniência e a eficiência, como também contribuímos para criar um ambiente académico equitativo e inclusivo. A solução reside na utilização da tecnologia para democratizar o acesso a materiais educativos, garantindo que todos os membros da comunidade académica possam participar plenamente na era digital da aprendizagem.

6. OBJECTIVOS

6.1 **Simplificar o carregamento e o acesso** O livro é dedicado a

d proporcionando uma experiência de utilizador simplificada através da conceção de uma interface que torna o carregamento e o acesso a notas e a documentos de perguntas um esforço sem esforço. Com uma abordagem centrada no utilizador, a aplicação Web permitirá aos utilizadores carregar e aceder a materiais de estudo com uma facilidade inigualável. A inovadora funcionalidade de arrastar e largar melhora ainda mais esta experiência, tornando a plataforma intuitiva e acessível a utilizadores de todas as competências técnicas.

6.2 **Promover a colaboração e a partilha de conhecimentos** Um objetivo fundamental da

O objetivo da aplicação Web é ultrapassar as fronteiras tradicionais, promovendo a colaboração entre estudantes e membros do corpo docente. Ao encorajar a partilha de conhecimentos, notas de aula e documentos de perguntas anteriores, a plataforma procura cultivar um ecossistema de aprendizagem vibrante. Através de fóruns de discussão, funcionalidades de edição colaborativa de documentos e espaços interactivos, a aplicação Web pretende ser um catalisador para a troca de ideias, criando uma plataforma orientada para a comunidade para a aprendizagem contínua e o diálogo académico.

6.3 **Suportar uma vasta gama de formatos de ficheiros** O livro prevê um portal

t que responde às diversas preferências dos seus utilizadores. O suporte de uma vasta gama de formatos de ficheiros, incluindo PDFs, documentos Word, apresentações PowerPoint e outros, garante que os utilizadores podem carregar e aceder a materiais nos formatos com que se sentem mais confortáveis. Esta inclusão é parte integrante do compromisso do livro em fornecer uma plataforma versátil e adaptável para conteúdos educativos.

6.4 **Implementar a funcionalidade "Histórico de carregamentos"** Para dar aos utilizadores a possibilidade de

Para além das ferramentas eficazes de gestão de conteúdos, a aplicação Web introduzirá a inovadora funcionalidade "Upload History". Esta funcionalidade permite aos utilizadores acompanhar e gerir as suas contribuições ao longo do tempo, oferecendo informações sobre o seu envolvimento com a plataforma. Os utilizadores podem acompanhar facilmente a evolução dos seus conteúdos carregados, facilitando uma gestão de conteúdos organizada e eficiente. A funcionalidade "Upload History" foi concebida para melhorar a experiência geral do utilizador, proporcionando uma visão personalizada e abrangente das suas contribuições para a plataforma.

Estes objectivos sublinham coletivamente o compromisso com o design centrado no utilizador, a colaboração, a inclusão e a gestão eficaz de conteúdos. Ao centrar-se nestes aspectos fundamentais, o livro visa não só satisfazer, mas também exceder as expectativas dos utilizadores, criando uma plataforma transformadora que vai além das experiências convencionais de aprendizagem eletrónica.

7. PLATAFORMA UTILIZADA

O desenvolvimento da nossa aplicação Web envolve uma seleção estratégica de ferramentas e plataformas no front-end e no back-end, assegurando uma experiência de utilizador robusta e sem falhas.

7.1 *Front-End:*

HTML, CSS, JavaScript: Tecnologias fundamentais para criar a estrutura, o estilo e a interatividade da nossa interface de utilizador.

Bootstrap: Uma estrutura de front-end reactiva, que simplifica o processo de design e melhora o aspeto visual geral e a capacidade de resposta da nossa plataforma.

7.2 *Back-End:*

PHP, Node.JS: Uma combinação dinâmica de back-end, aproveitando os pontos fortes do PHP para a criação de scripts do lado do servidor e do Node.JS para o tratamento eficiente de ligações simultâneas.

7.3 *Linguagens de base de dados:*

SQL, MySQL: Utilizar a linguagem de consulta estruturada e a base de dados MySQL para gerir, armazenar e recuperar materiais educativos de forma eficiente.

7.4 *Controlo de versões:*

GIT: Utilização do Git para o controlo de versões, permitindo o desenvolvimento colaborativo, o acompanhamento de alterações e a gestão da evolução da base de código.

7.5 *Otimização para motores de busca (SEO):*

Implementar as melhores práticas de SEO para melhorar a visibilidade da nossa plataforma nos motores de busca. Isto inclui a otimização de meta-tags, a utilização de HTML semântico e a garantia de uma estrutura de URL de fácil pesquisa.

7.6 *Medidas de segurança:*

S SL (Secure Sockets Layer): Implementação do SSL para estabelecer uma ligação segura e encriptada, salvaguardando a confidencialidade e integridade dos dados do utilizador durante a transmissão.

7.7 *Integração de multimédia:*

Assegurar uma experiência de aprendizagem dinâmica e cativante, integrando perfeitamente elementos multimédia como imagens, vídeos e apresentações na nossa plataforma.

Este conjunto de ferramentas abrangente foi cuidadosamente escolhido para se alinhar com os objectivos do livro, garantindo uma funcionalidade, segurança e satisfação do utilizador óptimas. A combinação destas tecnologias front-end e back-end cria uma plataforma completa que satisfaz as diversas necessidades dos utilizadores, proporcionando um ambiente educativo seguro e eficiente.

8. METODOLOGIA

O desenvolvimento da nossa aplicação web segue uma metodologia sistemática e iterativa, garantindo a eficácia, a colaboração e o cumprimento dos objectivos do livro.

8.1 Análise de requisitos:

O processo começa com uma análise detalhada dos requisitos dos utilizadores, tendo em conta as necessidades dos estudantes e dos membros do corpo docente. Os contributos das partes interessadas são recolhidos através de inquéritos e entrevistas para compreender as funcionalidades e caraterísticas específicas desejadas na aplicação Web.

8.2 Fase de conceção:

Com base nos requisitos recolhidos, a fase de conceção envolve a criação de wireframes e maquetas para a interface do utilizador. O design incorpora princípios de experiência do utilizador (UX) e de design da interface do utilizador (UI) para garantir uma plataforma intuitiva e visualmente apelativa. A estrutura de front-end, Bootstrap, é utilizada para melhorar a capacidade de resposta e a estética geral.

8.3 Desenvolvimento de back-end:

O desenvolvimento de back-end envolve a implementação das tecnologias de back-end escolhidas, PHP e Node.JS. O PHP é utilizado para a criação de scripts do lado do servidor,
tratamento dos pedidos dos utilizadores e gestão das interações com a base de dados. O Node.JS, conhecido pela sua eficiência no tratamento de ligações simultâneas, é utilizado para melhorar o desempenho da aplicação Web.

8.4 Implementação da base de dados:

A arquitetura da base de dados é concebida utilizando SQL, sendo o MySQL o sistema de gestão de bases de dados relacionais escolhido. Esta fase envolve a criação de tabelas, a definição de relações e a otimização de consultas para garantir o armazenamento e a recuperação eficientes de materiais educativos.

8.5 Desenvolvimento de front-end:

O desenvolvimento de front-end utiliza HTML, CSS e JavaScript, com Bootstrap como estrutura de front-end. Estas tecnologias são utilizadas para criar uma interface de fácil utilização que se alinha com as especificações de design.
A integração multimédia é implementada para proporcionar um ambiente de aprendizagem dinâmico e envolvente.

8.6 Testes de integração:

Ao longo do processo de desenvolvimento, são efectuados testes de integração rigorosos para garantir uma comunicação perfeita entre os componentes front-end e back-end. Esta fase identifica e corrige quaisquer problemas relacionados com o fluxo de dados, as interações dos utilizadores e a funcionalidade do sistema.

8.7 Controlo de versões:

O Git é utilizado para o controlo de versões, facilitando o desenvolvimento colaborativo e permitindo que vários membros da equipa trabalhem no livro ao mesmo tempo. São utilizados commits regulares e estratégias de ramificação para manter uma base de código limpa e organizada.

8.8 Otimização para motores de busca (SEO):

As melhores práticas de SEO são implementadas durante o processo de desenvolvimento. Isto inclui a otimização de meta-etiquetas, a utilização de HTML semântico e a garantia de uma estrutura de URL de fácil pesquisa para melhorar a visibilidade da aplicação Web nos motores de pesquisa.

8.9 Implementação da segurança:

O SSL é implementado para estabelecer uma ligação segura e encriptada, protegendo os dados do utilizador durante a transmissão. As medidas de segurança são integradas tanto no front-end como no back-end para proteger contra potenciais vulnerabilidades e garantir a confidencialidade e integridade das informações do utilizador.

8.10 Teste e feedback do utilizador:

A aplicação Web é submetida a testes exaustivos para recolher feedback sobre a usabilidade, o desempenho e a satisfação geral do utilizador. Este ciclo de feedback permite melhorias iterativas e garante que o produto final satisfaz as expectativas e necessidades dos seus utilizadores.

8.11 Desenvolvimento iterativo e princípios ágeis:

O processo de desenvolvimento adopta uma abordagem iterativa, incorporando princípios Agile para aumentar a flexibilidade e a capacidade de resposta a requisitos em mudança. Os ciclos de desenvolvimento curtos ou sprints permitem um feedback contínuo, possibilitando à equipa adaptar o livro com base na evolução das necessidades e nos conhecimentos emergentes.

8.12 Testes centrados no utilizador:

O teste de utilizadores é um aspeto fundamental da nossa metodologia, envolvendo amostras representativas de estudantes e membros do corpo docente. Esta abordagem garante que a aplicação Web satisfaz as diversas necessidades e preferências dos utilizadores. São realizadas sessões de teste de usabilidade para avaliar a forma como os utilizadores interagem com a plataforma, fornecendo informações valiosas para o aperfeiçoamento.

8.13 Considerações sobre a acessibilidade:

A aplicação Web foi desenvolvida tendo em conta a acessibilidade, respeitando as normas da indústria, como as Diretrizes de Acessibilidade para o Conteúdo da Web (WCAG). Este compromisso garante que a plataforma é inclusiva, atendendo a utilizadores com diferentes capacidades e assegurando uma experiência de utilização positiva para todos.

8.14 Otimização da escalabilidade e do desempenho:

À medida que a base de utilizadores e o volume de dados crescem, a escalabilidade torna-se uma preocupação fundamental. A metodologia inclui estratégias de otimização do desempenho, tais como mecanismos eficientes de indexação e armazenamento em cache da base de dados, para garantir a capacidade de resposta da aplicação Web, mesmo sob cargas crescentes.

8.15 Integração e implantação contínuas (CI/CD):

As práticas de integração e implementação contínuas são implementadas para automatizar os processos de teste e implementação. Isto assegura que as alterações introduzidas na base de código são sistematicamente validadas e perfeitamente integradas no ambiente ativo, minimizando o tempo de inatividade e potenciais interrupções.

8.16 Documentação:

É mantida uma documentação exaustiva durante todo o processo de desenvolvimento. Isto inclui documentação técnica para a estrutura da base de código, documentação da API para futuras integrações e documentação do utilizador para orientar os estudantes e os professores na utilização eficaz da plataforma.

8.17 Loops de Feedback e Retrospectivas Ágeis:

São estabelecidos ciclos de feedback regulares na equipa de desenvolvimento e com as partes interessadas. São realizadas retrospectivas ágeis no final de cada ciclo de desenvolvimento para refletir sobre o que funcionou bem, o que pode ser melhorado e para aperfeiçoar iterativamente o plano e a execução do livro.

8.18 Formação e apoio:

A metodologia inclui o desenvolvimento de materiais de formação e sistemas de apoio aos utilizadores. São realizadas sessões de formação para familiarizar os alunos e os professores com as funcionalidades da aplicação Web, e é criado um sistema de apoio para responder a quaisquer questões ou problemas que possam surgir após o lançamento.

8.19 Estratégias de adoção pelos utilizadores:

As estratégias para promover a adoção pelos utilizadores estão integradas na metodologia. Isto envolve a criação de campanhas de sensibilização, a realização de workshops e o incentivo à utilização inicial para garantir que a plataforma ganha tração entre a base de utilizadores-alvo.

8.20 Monitorização e otimização pós-lançamento:

Após o lançamento da aplicação Web, são empregues esforços contínuos de monitorização e otimização. Isto envolve o acompanhamento do envolvimento dos utilizadores, a identificação de potenciais áreas de melhoria e a resolução imediata de quaisquer problemas emergentes para manter um elevado nível de desempenho.

9. CONFIGURAÇÃO AMBIENTAL

A configuração do ambiente para o desenvolvimento da nossa aplicação Web envolve a configuração da infraestrutura, das ferramentas e das dependências necessárias para criar um ambiente de desenvolvimento colaborativo e eficiente.

9.1 Ambiente de desenvolvimento:

Servidores de desenvolvimento local: Os programadores configuram servidores locais utilizando ferramentas como XAMPP, WAMP ou MAMP para criar um ambiente simulado para testar e depurar interações PHP e MySQL durante a fase de desenvolvimento.

9.2 Controlo de versões:

Repositório GIT: É criado um repositório GIT centralizado, que permite o controlo de versões e o desenvolvimento colaborativo. O repositório aloja toda a base de código, permitindo que os programadores trabalhem em diferentes ramos e façam a fusão de alterações sem problemas.

9.3 Desenvolvimento de front-end:

Editor de código: Os programadores utilizam editores de código como o Visual Studio Code ou o Atom para o desenvolvimento de front-end, fornecendo funcionalidades como realce de sintaxe, preenchimento automático e controlo de versões integrado.

Configuração do React.JS: A estrutura React.JS é inicializada usando ferramentas como Create React App para estruturar o projeto e agilizar o desenvolvimento de um front-end responsivo e modular.

9.4 Desenvolvimento de back-end:

Configuração do Node.JS: O Node.JS é instalado, servindo como o tempo de execução para JavaScript do lado do servidor. Os desenvolvedores usam gerenciadores de pacotes como o npm para gerenciar as dependências do projeto e simplificar a integração de bibliotecas e estruturas.

Ambiente PHP: É criado um ambiente PHP utilizando ferramentas como o XAMPP ou o MAMP para facilitar a criação de scripts do lado do servidor e a comunicação com a base de dados MySQL.

9.5 Configuração da base de dados:

Base de dados MySQL: É criada uma base de dados MySQL para armazenar e gerir os materiais didácticos. As tabelas da base de dados são concebidas para se alinharem com a estrutura de dados da aplicação, acomodando contas de utilizador, ficheiros carregados e outras informações relevantes.

9.6 Ambiente de teste:

Estruturas de teste: As estruturas de teste como Jest para front-end e Mocha/Chai para back-end são integradas para automatizar os testes unitários, garantindo a fiabilidade do código e identificando potenciais problemas no início do processo de desenvolvimento.

Teste entre navegadores: Plataformas como o BrowserStack ou ferramentas como o CrossBrowserTesting.com são utilizadas para testes de compatibilidade entre navegadores para garantir uma experiência consistente em vários navegadores Web.

9.7 Integração contínua/implantação contínua (CI/CD):

Pipelines de CI/CD: Os pipelines de CI/CD são configurados usando plataformas como Jenkins ou GitHub Actions. Os scripts automatizados executam testes, criam a aplicação e implantam-na num ambiente de teste após uma integração bem-sucedida, simplificando o fluxo de trabalho de desenvolvimento.

9.8 Medidas de segurança:

Certificado SSL: Um certificado SSL é instalado no servidor para estabelecer uma ligação segura entre os utilizadores e a aplicação Web, encriptando os dados em trânsito.

Ferramentas de análise de segurança: Ferramentas como o OWASP ZAP ou o Snyk são utilizadas para a análise de segurança, identificando e resolvendo potenciais vulnerabilidades na base de código.

9.9 Documentação e colaboração:

Ferramentas de colaboração: A comunicação e a colaboração são facilitadas através de plataformas como o Slack ou o Microsoft Teams, que permitem a comunicação em tempo real, a partilha de ficheiros e a tomada de decisões em colaboração.

Ferramentas de documentação: O Confluence ou ferramentas como o Markdown são utilizados para documentação abrangente, cobrindo aspectos como documentação de código, documentação da API e manuais do utilizador.

9.10 Monitorização e análise:

Ferramentas de monitorização: Plataformas como a New Relic ou a Datadog são implementadas para monitorização em tempo real do desempenho da aplicação, identificando potenciais estrangulamentos e optimizando a utilização dos recursos.

Integração de análises: O Google Analytics ou ferramentas semelhantes são integrados para obter informações sobre o comportamento dos utilizadores, permitindo a tomada de decisões baseadas em dados para melhorias futuras.

Esta configuração experimental assegura um ambiente robusto e colaborativo para o desenvolvimento da nossa aplicação Web. Cada componente é cuidadosamente configurado para simplificar o desenvolvimento, garantir a qualidade do código e facilitar a comunicação e a colaboração eficazes entre a equipa de desenvolvimento.

10. Métricas de avaliação

Para garantir a eficácia e a eficiência da nossa aplicação Web, será utilizado um conjunto de métricas de avaliação abrangentes. Estas métricas irão medir vários aspectos da plataforma, fornecendo informações valiosas sobre o seu desempenho, a satisfação dos utilizadores e o impacto global.

10.1 Métricas de envolvimento do utilizador:

Utilizadores activos: O número de utilizadores que interagem ativamente com a plataforma durante um período específico, indicando o nível geral de envolvimento.

Duração da sessão: Tempo médio que os utilizadores passam na plataforma por sessão, reflectindo a capacidade da plataforma para cativar a atenção do utilizador.

Frequência de interação: Frequência das interações dos utilizadores, incluindo carregamentos, transferências e actividades de colaboração, medindo os padrões de envolvimento dos utilizadores.

10.2 Métricas de acessibilidade de conteúdos:

Taxas de carregamento e descarregamento: A taxa a que os utilizadores carregam e descarregam materiais educativos, indicando a disponibilidade e a relevância dos conteúdos da plataforma.

Diversidade de formatos de ficheiros: Análise dos tipos de formatos de ficheiros carregados e acedidos, garantindo o suporte de uma gama diversificada de materiais educativos.

Eficácia da pesquisa: Avaliação da precisão e rapidez da funcionalidade de pesquisa na recuperação de conteúdos relevantes com base nas consultas dos utilizadores.

10.3 Colaboração e métricas comunitárias:

Atividade dos fóruns de discussão: Níveis de participação e envolvimento nos fóruns de discussão, reflectindo a natureza colaborativa da comunidade.

Utilização da edição colaborativa de documentos: Adoção e frequência de utilização de ferramentas de edição colaborativa de documentos, promovendo a criação de conhecimento partilhado.

Contribuições dos utilizadores: Medição das contribuições dos utilizadores, tais como materiais carregados, comentários e classificações, indicando a vitalidade da plataforma.

10.4 Métricas de desempenho:

Tempos de carregamento da página: Avaliação do tempo que as páginas demoram a carregar, assegurando uma experiência de utilizador sem falhas e com capacidade de resposta.

Tempo de resposta do servidor: Medida do tempo de resposta do servidor aos pedidos dos utilizadores, indicando o desempenho geral da plataforma.

Taxas de erro: Monitorização e análise das taxas de erro durante as interações dos utilizadores, resolvendo prontamente os potenciais problemas

10.5 Métricas de segurança:

Eficácia do SSL: Verificação da eficácia do SSL na encriptação de dados durante a transmissão, garantindo a segurança das interações dos utilizadores.

Análises de vulnerabilidades de segurança: Verificações regulares de vulnerabilidades de segurança, abordando potenciais riscos e garantindo uma proteção robusta.

Eficácia da autenticação do utilizador: Avaliação da eficácia dos mecanismos de autenticação do utilizador na salvaguarda das contas dos utilizadores.

10.6 Métricas de satisfação do utilizador:

Inquéritos e feedback dos utilizadores: Solicitar a opinião dos utilizadores através de inquéritos e formulários de feedback para avaliar a satisfação e identificar áreas a melhorar.

Net Promoter Score (NPS): Cálculo do NPS para medir a satisfação geral do utilizador e a probabilidade de recomendação.

Taxas de retenção de utilizadores: Análise das taxas de retenção de utilizadores, indicando a capacidade da plataforma para reter e envolver os utilizadores ao longo do tempo.

10.7 Métricas de acessibilidade:

Conformidade com as WCAG: Avaliação da conformidade da plataforma com as Diretrizes de Acessibilidade ao Conteúdo da Web (WCAG) para garantir a inclusão.

Feedback sobre a acessibilidade dos utilizadores: Recolha de feedback de utilizadores com diferentes capacidades para identificar e resolver desafios de acessibilidade.

10.8 Métricas de adoção e integração:

Integração com sistemas de gestão da aprendizagem (LMS): Acompanhamento da adoção e da integração bem sucedida da plataforma com os LMS existentes nos estabelecimentos de ensino.

Participação na formação dos utilizadores: Avaliação da participação dos utilizadores em programas de formação e workshops, assegurando uma integração eficaz.

10.9 Métricas de adoção de aplicações móveis (se aplicável):

Downloads de aplicações móveis: Medição do número de downloads da aplicação móvel, indicando a sua adoção.

Atividade do utilizador no telemóvel: Análise das interações do utilizador especificamente através da aplicação móvel, garantindo uma experiência positiva do utilizador móvel.

10.10 Métricas de aprendizagem automática (se aplicável):

Precisão da recomendação: Avaliação da exatidão das recomendações personalizadas geradas por algoritmos de aprendizagem automática.

Sucesso da aprendizagem adaptativa: Medição da eficácia dos percursos de aprendizagem adaptativa na melhoria dos resultados de aprendizagem dos utilizadores.

A monitorização e a análise regulares destas métricas de avaliação fornecerão uma visão holística do desempenho da aplicação Web e da satisfação do utilizador. Estas métricas orientarão as melhorias iterativas, garantindo que a plataforma se mantém alinhada com os seus objectivos e continua a satisfazer as necessidades em evolução da comunidade académica.

11 . Resultados e discussão

11.1 Envolvimento do utilizador e acessibilidade:

A implementação inicial da aplicação Web produziu resultados promissores em termos de envolvimento dos utilizadores. O número de utilizadores activos aumentou de forma constante e a duração média das sessões indica um interesse sustentado dos utilizadores. Os utilizadores demonstraram uma elevada frequência de interação, contribuindo para um ecossistema de plataforma enriquecido.

As taxas de carregamento e descarregamento demonstram a eficácia da plataforma em facilitar a partilha de materiais educativos. Diversos formatos de ficheiros, incluindo PDFs, documentos Word e apresentações PowerPoint, estão a ser ativamente carregados e acedidos. A funcionalidade de pesquisa provou ser eficiente, proporcionando aos utilizadores uma recuperação rápida e precisa de conteúdos relevantes.

11.2 Colaboração e criação de comunidades:

Os fóruns de discussão tornaram-se um centro de atividade, com debates animados e intercâmbio de conhecimentos. As ferramentas de edição colaborativa de documentos estão a ganhar força, promovendo experiências de aprendizagem partilhadas. As contribuições dos utilizadores sob a forma de materiais carregados, comentários e classificações reflectem uma comunidade de utilizadores próspera e empenhada.

11.3 Desempenho e segurança:

Os tempos de carregamento das páginas e os tempos de resposta do servidor corresponderam de forma consistente às expectativas de desempenho, contribuindo para uma experiência de utilizador sem problemas. As taxas de erro mantiveram-se mínimas e os controlos contínuos das vulnerabilidades de segurança garantiram a resiliência da plataforma contra potenciais ameaças. A implementação do SSL provou ser eficaz na proteção das interações dos utilizadores.

11.4 Satisfação do utilizador e acessibilidade:

Os inquéritos aos utilizadores e o feedback indicam um sentimento positivo entre a base de utilizadores. O Net Promoter Score (NPS) reflecte uma probabilidade favorável de recomendação. A adesão da plataforma às normas de acessibilidade, incluindo a conformidade com as WCAG, recebeu um feedback positivo de utilizadores com diferentes capacidades.

11.5 Iterações e melhorias futuras:

Embora os resultados sejam encorajadores, os esforços contínuos são direcionados para futuras iterações e melhorias. O feedback dos utilizadores está a ser meticulosamente analisado para identificar áreas a melhorar. O sucesso da plataforma na promoção da colaboração inspirou a exploração de ferramentas de colaboração avançadas, como a edição de documentos em tempo real e as funcionalidades de estudo em grupo.

A integração da aprendizagem automática está no horizonte, com planos para melhorar a adaptabilidade da plataforma e as experiências de aprendizagem personalizadas. Estão a ser considerados elementos de gamificação e sistemas de recompensas para incentivar ainda mais o envolvimento dos utilizadores. A aplicação móvel prevista está nas fases iniciais de desenvolvimento para satisfazer a procura crescente de experiências de aprendizagem em movimento.

11.6 Desafios e medidas de correção:

Os desafios encontrados durante a fase de implementação, tais como picos ocasionais na carga do servidor, estão a ser ativamente abordados através de estratégias de otimização do desempenho. As sessões de formação contínua dos utilizadores e os mecanismos de apoio visam atenuar os potenciais desafios relacionados com os utilizadores e garantir um processo de integração sem problemas.

11.7 Conclusão:

Em conclusão, os resultados obtidos até à data confirmam o impacto positivo da aplicação Web na criação de um ambiente de aprendizagem colaborativo e acessível.

O compromisso contínuo com a satisfação do utilizador, a otimização do desempenho e as melhorias futuras posicionam a plataforma como uma solução dinâmica e evolutiva no panorama da educação digital. O caminho a percorrer envolve a colaboração contínua com os utilizadores, a adaptação às necessidades emergentes e o aproveitamento da tecnologia para redefinir a experiência educativa dos estudantes e dos professores.

12. CONCLUSÃO E TRABALHO FUTURO

À medida que concluímos a fase inicial de desenvolvimento da nossa aplicação Web, existem possibilidades interessantes para futuras melhorias e expansões. O caminho a percorrer envolve a abordagem de desafios emergentes, a incorporação de novas funcionalidades e a garantia da relevância sustentada da plataforma no panorama em constante evolução do ensino em linha.

12.1 Enriquecimento de caraterísticas:

O roteiro futuro inclui o enriquecimento contínuo de funcionalidades para melhorar a experiência do utilizador. Os potenciais acréscimos podem incluir funcionalidades de pesquisa avançada, painéis de controlo personalizados e sistemas de recomendação inteligentes para adaptar os conteúdos com base nas preferências de aprendizagem individuais.

12.2 Ferramentas de aprendizagem em colaboração:

Para promover ainda mais a colaboração entre estudantes e professores, pode ser explorada a integração de ferramentas de colaboração avançadas, como a edição de documentos em tempo real, fóruns de discussão e sessões de estudo em grupo. Estas funcionalidades têm como objetivo criar um ecossistema de aprendizagem dinâmico e envolvente na plataforma.

12.3 Gamificação e prémios:

A implementação de elementos de gamificação, tais como distintivos de realização ou um sistema baseado em pontos, pode incentivar o envolvimento dos utilizadores. Reconhecer e recompensar os colaboradores activos pode incentivar um sentido de comunidade e motivar os utilizadores a participarem ativamente na plataforma.

12.4 Desenvolvimento de aplicações móveis:

Tendo em conta a crescente prevalência da aprendizagem móvel, o desenvolvimento de uma aplicação móvel específica pode alargar a acessibilidade da plataforma. Esta expansão iria ao encontro dos utilizadores que preferem aceder a materiais educativos em smartphones e tablets, proporcionando uma experiência perfeita em diversos dispositivos.

12.5 Integração da aprendizagem automática:

A exploração de algoritmos de aprendizagem automática pode permitir que a plataforma analise o comportamento do utilizador, oferecendo recomendações e conhecimentos personalizados. Os percursos de aprendizagem adaptáveis, a marcação automática de conteúdos e a análise preditiva podem ser aproveitados para adaptar a experiência educativa com base no progresso individual.

12.6 Medidas de segurança reforçadas:

Em resposta à evolução das ameaças à cibersegurança, a melhoria contínua das medidas de segurança é fundamental. Auditorias de segurança regulares, testes de penetração e a implementação de protocolos de segurança avançados podem fortalecer a plataforma contra potenciais vulnerabilidades.

12.7 Mecanismos de feedback do utilizador:

É fundamental estabelecer um sistema sólido para recolher e analisar o feedback dos utilizadores. Inquéritos regulares, fóruns de utilizadores e formulários de feedback podem fornecer informações valiosas sobre as preferências dos utilizadores, pontos problemáticos e áreas a melhorar, orientando actualizações e optimizações iterativas.

12.8 Normas de acessibilidade global:

Garantir a conformidade com as normas globais de acessibilidade, como as WCAG 2.0 ou 2.1, reforçará ainda mais a inclusividade da plataforma. Isto implica esforços contínuos para tornar a aplicação acessível a utilizadores com capacidades e necessidades diversas.

12.9 Integração com sistemas de gestão da aprendizagem (LMS):

A exploração de integrações com sistemas de gestão da aprendizagem populares pode alargar o alcance e a utilidade da plataforma nas instituições de ensino.

Uma compatibilidade perfeita com os sistemas existentes pode simplificar a adoção e promover uma utilização generalizada.

12.10 Formação e apoio ao utilizador:

Os programas contínuos de formação de utilizadores e os mecanismos de apoio responsivos serão essenciais para a capacitação dos utilizadores. Isto inclui a criação de tutoriais, a organização de webinars e a manutenção de um centro de ajuda de fácil utilização para ajudar os estudantes e os professores a maximizarem o potencial da plataforma.

Em conclusão, o desenvolvimento da nossa aplicação Web marca o início de uma viagem transformadora no panorama da educação digital. O trabalho futuro delineado resume o nosso compromisso com a melhoria contínua, a inovação e a capacidade de resposta às necessidades em evolução da comunidade académica. Ao abraçarmos estas iniciativas futuras, pretendemos criar uma plataforma holística e duradoura que não só responda aos desafios actuais, mas também antecipe e se adapte às exigências futuras do panorama educativo.

REFERÊNCIAS

[1] Smith, J. (2023). "O impacto das plataformas de educação online nos resultados de aprendizagem dos alunos". Journal of Educational Technology, 15(2), 78-93.

[2] Patel, R., & Johnson, M. (2022). "Explorando a eficácia dos recursos interativos em plataformas de educação online". International Journal of Distance Education Technologies, 20(3), 45-61.

[3] Lee, S., & Kim, H. (2024). "Design da experiência do utilizador em plataformas de ensino em linha: A Case Study". Journal of Interactive Learning Research, 32(1), 112-127.

[4] Garcia, A., & Martinez, L. (2023). "Padrões de envolvimento e desempenho de aprendizagem em plataformas de educação online". Computadores e Educação, 150, 102367.

[5] Wang, Y., & Liu, X. (2022). "O papel da presença do instrutor no envolvimento do aluno em plataformas de educação online". Online Learning, 26(4), 65-79.

[6] Chen, Q., & Wu, H. (2024). "Compreendendo a motivação do aluno em plataformas de educação online: A Self-Determination Theory Perspective". Journal of Educational Computing Research, 42(2), 211-228

[7] Rodriguez, E., & Nguyen, T. (2023). "Presença social e senso de comunidade em plataformas de educação online". A Internet e o Ensino Superior, 36, 100729.

[8] Brown, K., & Jackson, D. (2022). "O papel da interação entre pares em plataformas de educação online: A Literature Review". Educação a Distância, 43(1), 56-72.

[9] Smith, A., & Johnson, B. (2024). "Assessing the Effectiveness of Adaptive Learning Technologies in Online Education Platforms" [Avaliação da eficácia das tecnologias de aprendizagem adaptativa em plataformas de ensino em linha].

Educational Technology Research and Development, 70(3), 478-492.

[10] Kim, S., & Lee, E. (2023). "O impacto da aprendizagem móvel no envolvimento do aluno em plataformas de educação online". Computadores em Comportamento Humano, 123, 106789.

[11] Nguyen, H., & Tran, L. (2022). "Fatores que influenciam a satisfação do aluno em plataformas de educação online: A Structural Equation Modeling Approach". Computadores e Educação, 151, 104047.

[12] Wang, C., & Zhang, M. (2024). "Técnicas de personalização em plataformas de educação online: A Systematic Literature Review". International Journal of Human-Computer Interaction, 40(2), 89-104.

[13] Martinez, G., & Lopez, R. (2023). "Estratégias de adaptação cultural para plataformas de educação online: Um estudo de caso". Journal of Computing in Higher Education, 35(3), 457-473.

[14] Jones, D., & Clark, E. (2022). "Considerações de acessibilidade em plataformas de educação online: A Review of Guidelines and Best Practices". Journal of Educational Multimedia and Hypermedia, 31(4), 417-432.

[15] Liu, Y., & Wang, L. (2024). "O papel do feedback do instrutor em plataformas de educação online: A Meta-Analysis". Educational Technology & Society, 27(2), 93-108.

[16] Kim, J., & Park, S. (2023). "Estratégias de gamificação para aumentar o envolvimento em plataformas de educação online". Journal of Computer Assisted Learning, 39(5), 765-780.

[17] Chen, H., & Li, Y. (2022). "Explorando o uso de Inteligência Artificial em Plataformas de Educação Online: Opportunities and Challenges". Journal of Educational Technology Systems, 50(1), 23-38.

[18] Rodriguez, M., & Perez, A. (2024). "O papel da presença do instrutor e das interações sociais em plataformas de educação online: A Mixed-Methods Study". British Journal of Educational Technology, 45(2), 189-204.

[19] Wang, X., & Zhang, Q. (2023). "A influência do design do curso no

envolvimento do aluno em plataformas de educação online". Computadores e Educação, 155, 104028.

[20] Smith, D., & Johnson, K. (2022). "Analisando dados de análise de aprendizagem para aumentar o sucesso do aluno em plataformas de educação online". Journal of Learning Analytics, 9(3), 45-60.

MIX
Papier aus verantwortungsvollen Quellen
Paper from responsible sources
FSC® C105338

Printed by Books on Demand GmbH, Norderstedt / Germany